PORTRAITS D'OISEAUX

du Québec

PHOTOGRAPHIES DE
DANIEL DUPONT
TEXTES DE
MICHEL LEBOEUF

PORTRAITS D'OISEAUX
du Québec

ÉDITIONS
MICHEL
QUINTIN

Catalogage avant publication de Bibliothèque et Archives Canada

Dupont, Daniel

Portraits d'oiseaux du Québec

ISBN 2-89435-307-3

1. Oiseaux - Québec (Province) - Ouvrages illustrés. 2. Oiseaux - Québec (Province). I. Leboeuf, Michel, 1962- . II. Titre.

QL685.5.Q8D86 2005 598'.09714'022 C2005-941351-4

Édition: Johanne Ménard

Graphisme: Céline Forget

Révision linguistique: Serge Gagné

Consultant: Gaétan Duquette

Gouvernement du Québec – Programme de crédit d'impôt pour l'édition de livres – Gestion SODEC

Les Éditions Michel Quintin bénéficient du soutien financier de la SODEC et du gouvernement du Canada par l'entremise du Programme d'aide au développement de l'industrie de l'édition (PADIÉ) pour leurs activités d'édition.

Michel Leboeuf tient à remercier la revue *QuébecOiseaux* de lui avoir permis de reproduire certains extraits de ses textes déjà parus dans le magazine.

ISBN 2-89435-307-3
Dépôt légal – Bibliothèque nationale du Québec, 2005
Bibliothèque nationale du Canada, 2005

C.P. 340
Waterloo (Québec)
Canada J0E 2N0
Tél. : (450) 539-3774
Téléc. : (450) 539-4905
www.editionsmichelquintin.ca

Imprimé en Chine

(Couverture avant)
Jaseurs boréaux
Bombycilla garralus

(Couverture arrière)
Héron vert
Butorides virescens

(Page 5)
Canard souchet ♂
Anas clypeata

(Page 6)
Grand Pic ♂
Dryocopus pileatus

(Page 7)
Sittelle à poitrine blanche ♂
Sitta carolingiens

(Page 8)
Arlequin plongeur ♂
Histrionicus histrionicus

(Page 144)
Pics flamboyants
Colaptes auratus

À ma compagne Danielle,
pour tous les moments mémorables
d'observation et de photo.

Ce n'était qu'un orage
ce n'était qu'une cage
tu reprendras ta course
tu iras à la source
tu boiras tout le ciel
ouvre tes ailes
Liberté Liberté
Liberté.

Extrait de *Le cœur est un oiseau*
Richard Desjardins

Je tiens à remercier les personnes suivantes,
qui ont rendu possible la réalisation de cet ouvrage :

Hugues Brunoni, Jean Châteauvert, Gérard Cyr, Claude Déry, Jean Ducharme, Gaétan Duquette, Céline Forget, Régis Fortin, Serge Gagné, Roland et Simone Hamel, Daniel Houx, Marquis Lachance, Alexandre Leblanc, Michel Leboeuf, Christine Lessard, Johanne Ménard, Claude Nadeau, Paul Nadeau, Jean Paquin, Michel Quintin et Renaud Pintiaux.

Merci également à tous les autres collaborateurs qui ont fourni au fil des ans des informations
qui m'ont souvent permis d'être au bon endroit au bon moment !

Sommaire

Mot de l'éditeur

À onze ans, il prenait ses premiers clichés. À douze ans, il développait lui-même ses œuvres, initié par un ami scout avec qui il courait déjà les grands chemins. La nature a toujours été pour lui quelque chose de mystérieux, de précieux qu'on doit respecter.

Daniel Dupont est déjà photographe professionnel depuis plusieurs années lorsqu'un jour, assis sur son balcon, il aperçoit un Jaseur d'Amérique « sûrement échappé d'une cage ». Quelques minutes plus tard, une dizaine d'autres jaseurs se joignent au premier. Comment ? De si beaux oiseaux vivent dans la nature au Québec ? Daniel décide alors qu'il photographiera toutes les espèces qui fréquentent ce grand territoire.

L'artiste fait aujourd'hui de la photo d'oiseaux comme on peint des tableaux, faisant de la nature sa complice dans le choix des sujets et des fonds, la laissant le guider au détour du sentier, dans les coins cachés du marais ou sur la grève de l'immensité salée. Pour lui, qu'une expédition dure quelques heures ou plusieurs jours, c'est toujours partir à l'aventure, une aventure dont il revient la besace pleine de belles prises, sans dommage à la nature...

Les Éditions Michel Quintin se sentent privilégiées de pouvoir vous faire partager le plaisir de contempler les « portraits » de Daniel Dupont, qui a déjà participé au succès de plusieurs de leurs ouvrages. Mieux faire connaître la faune aviaire du Québec ne peut qu'amener un plus grand respect de l'environnement, c'est la devise commune de l'artiste et de son éditeur.

Par une mise en page épurée et simple, sans retouches de fonds ni autres artifices, notre objectif est de vous laisser entrer dans le tableau, vous imprégner de son atmosphère, être là simplement. Michel Leboeuf prête également son précieux concours par des textes d'accompagnement qui nous amènent encore plus loin sur le chemin de la connaissance de ces splendeurs ailées qui nous entourent.

Que vous restiez à rêvasser en tournant les pages qui suivent comme devant des toiles aux couleurs chatoyantes ou que ces photos piquent votre curiosité pour aller plus loin, notre souhait le plus cher sera exaucé, celui de participer à faire apprécier la beauté et la diversité des oiseaux.

Michel Quintin

LES CONQUÉRANTS

Maîtres des cieux depuis des millénaires, les oiseaux ont, comme nul autre groupe d'êtres vivants sur la planète, perfectionné l'art du vol. Ces gracieux chevaliers du vent, dans leur fragile armure de plumes, n'en sont pas moins de redoutables conquérants.

(Page précédente)
Oies des neiges
Chen caerulescens

(En haut)
Bernaches cravant
Branta bernicla

(À droite)
Bernache du Canada
Branta canadensis

L'apparition du vol, il y a quelque 150 millions d'années, a permis aux oiseaux de conquérir le monde, de coloniser à peu près tous les habitats du globe. Mers arctiques, déserts, vallées profondes et inaccessibles, îles océaniques isolées; les conquérants ailés sont allés partout, se sont installés partout.

Et si, depuis l'aube des temps, bien des animaux – d'innombrables insectes et même des mammifères (les chauves-souris) – ont pris d'assaut le ciel, aucun autre groupe ne surpasse les oiseaux. Ceux-ci possèdent non seulement la plus grande maîtrise technique du vol – le piqué du faucon, le plongeon du fou, le vol stationnaire de la crécerelle ou les acrobaties aériennes du colibri en témoignent – mais aussi la capacité de franchir les plus longues distances, grâce, entre autres, à une caractéristique qui leur est propre : la plume.

Sculptée par l'évolution, la plume est un chef-d'œuvre de design et d'ingénierie. Légère et remarquablement rigide, elle permet non seulement le vol, mais elle joue un rôle tout aussi capital, celui d'isolant thermique,

qui, jadis, protégea les oiseaux dans leur quête des terres les plus froides, les plus inhospitalières. Mais la plume reste fragile et s'use. C'est pourquoi, pour renouveler leur plumage, les oiseaux muent, généralement une fois l'an, à la fin de la saison de reproduction.

Outre la plume, bien d'autres adaptations morphologiques ont permis aux oiseaux d'améliorer progressivement leur maîtrise du vol. L'évolution a fait de l'oiseau un être à la fois puissant et léger. Les muscles pectoraux du vol ont une puissance colossale: ils représentent 35 % du poids corporel. Le squelette est formidablement robuste, et ce même si plusieurs des os – pour diminuer le poids de l'animal – sont creux. Les oiseaux aptes au vol n'ont pas de vessie (leur acide urique est évacué avec les autres déchets corporels), ce qui réduit encore le poids substantiellement. La femelle n'a qu'un ovaire; le mâle ne possède pas de pénis véritable. La capacité des becs à broyer les noix ou à déchirer les chairs a rendu inutile les dents, autre économie de poids.

Si les oiseaux modernes affichent encore certains vestiges de leurs ancêtres reptiliens – une peau sèche, des écailles aux pattes et autour de l'œil, un mode de reproduction ovipare –, ils se sont littéralement transformés en machines volantes. Des machines hautement performantes.

Fou de Bassan
Morus bassanus

Pour générer et fournir la fantastique énergie que requiert le vol, le métabolisme de l'oiseau est très rapide et très efficace. Le système respiratoire est unique: un réseau de neuf à dix sacs aériens reliés aux poumons et aux os longs permet de compter en tout temps sur une grande réserve d'oxygène. Et le cœur de l'oiseau est de 1,5 à 2 fois plus gros que celui d'un mammifère de même poids.

C'est ainsi que les oiseaux ont conquis le monde. Et le Québec n'a pas échappé à l'invasion.

Les chevaliers du vent en haute Amérique

Au cours du dernier million d'années, durant le Pléistocène, le Québec fut recouvert de glace, au moins à quatre reprises. Il y eut donc des épisodes interglaciaires au cours desquels, à la faveur d'une hausse de la température, les glaciers se retirèrent plus au nord.

Ainsi, la grande majorité des espèces d'oiseaux qui fréquentent le Québec de nos jours l'ont probablement colonisé après le plus récent retrait des glaciers sur notre territoire, soit il y a entre 9 500 et 5 500 ans, au moment où la végétation s'est de nouveau établie sur les terres libérées de leur manteau de glace. Les oiseaux nichant plus au sud, à la bordure du glacier, sont montés de plus en plus au nord pour conquérir, ou reconquérir, ces territoires.

(À gauche)
Érismature rousse ♂
Oxyura jamaicensis

(À droite)
Guillemot marmette
(forme bridée)
Uria aalge

(À gauche)
Cormoran à aigrettes
Phalacrocorax auritus

(À droite)
Grand Héron
Ardea herodias

Difficile de savoir à quoi ressemblaient les communautés d'oiseaux du Québec à cette époque. Il n'est toutefois pas impossible de penser qu'il y a environ 2 000 ans, celles-ci étaient à peu près identiques à ce que l'on peut observer de nos jours, puisqu'il faudra attendre cette époque pour que la répartition des forêts et du couvert végétal ressemble à ce que l'on connaît d'aujourd'hui.

Bien sûr, l'arrivée des premiers Européens modifia le paysage. Progressivement, le défrichement du territoire, les monocultures à grande échelle, l'industrialisation et le développement urbain dans la vallée du Saint-Laurent produiront tour à tour des impacts irréversibles sur les milieux naturels et les populations d'oiseaux qui les habitent. Si certaines espèces pâtiront de la présence humaine, en raison de la disparition ou de la dégradation de leur habitat – la Pie-grièche migratrice, la Paruline azurée – ou disparaîtront du fait d'une chasse excessive – la Tourte voyageuse, le Courlis esquimau –, d'autres verront leur effectif augmenter à la faveur de conditions propices – le Goéland à bec cerclé, l'Oie des neiges.

(À gauche)
Canard colvert ♀
Anas platyrhynchos

(En bas)
Harle couronné ♂
Lophodytes cucullatus

(En haut)
Guifette noire
Chlidonias niger

(À droite)
Bihoreau gris
Nycticorax nycticorax

(À gauche)
Grande Aigrette
Ardea alba

(À droite)
Aigrette neigeuse
Egretta thula

Chouette lapone
Strix nebulosa

Balbuzards pêcheurs
Pandion haliaetus

Urubu à tête rouge
Cathartes aura

Pygargue à tête blanche
Haliaeetus leucocephalus

Pigeons bisets
Columbia livia

(En haut)
Colibri à gorge rubis ♂
Archilochus colubris

(À droite)
Colibri à gorge rubis ♀
Archilochus colubris

REMARQUABLEMENT ADAPTÉS

Une fois toutes les terres conquises, tous les habitats occupés, les oiseaux s'y sont remarquablement adaptés pour utiliser, au mieux et de toutes les manières, les ressources de leurs nouveaux milieux.

(Page précédente)
Canard colvert ♀ et canetons
Anas platyrhynchos

(À gauche)
Pic flamboyant ♀
Colaptes auratus

(À droite)
Grand Pic ♂
Dryocopus pileatus

Les oiseaux se sont adaptés, lentement, au fil des millénaires, afin d'être en mesure d'exploiter, de la manière la plus efficace possible, les ressources diversifiées des habitats qu'ils ont colonisés.

Les pics par exemple, qui passent une bonne partie de leur vie à la verticale sur les flancs des arbres, possèdent des traits bien particuliers. Car ils ne se contentent pas seulement de se nourrir sur les troncs, ils y forent leur nid et y élèvent leurs petits. Les narines de leur solide bec sont tapissées de minuscules plumes qui, lors des travaux d'excavation, empêchent l'entrée des débris d'écorce et des poussières de bois. La forte ossature de leur crâne et les puissants muscles de leur cou leur permettent de supporter sans broncher tous ces coups incessants, martelés avec vigueur sur les troncs. Leur langue extensible leur permet de dénicher la nourriture sous l'écorce, dans le dédale des interstices et des sillons. Cette langue, selon ce que consomme le pic, s'est spécialisée pour harponner les insectes qui creusent des galeries ou encore pour extraire la sève. Afin d'assurer un meilleur appui contre les troncs, des plumes plus rigides garnissent la queue.

Plusieurs espèces marines comme certains goélands – qui doivent se débarrasser de l'excès de sel contenu dans leurs proies et dans l'eau de mer qu'ils consomment – sont dotées d'une glande à sel. Située juste au-dessus de l'œil, cette glande a pour fonction d'intercepter les surplus de sel avant qu'ils n'atteignent le foie et de les excréter par les narines.

Les oiseaux ont une ouïe et une vue remarquablement développées et adaptées, qui leur permettent de manger et d'éviter d'être mangés. Par exemple, les yeux des chasseurs nocturnes (chouettes et hiboux) sont rapprochés. Pour fondre sur leurs proies, dont bon nombre de petits mammifères, ils ont besoin d'une vision binoculaire, laquelle leur donne la profondeur de champ nécessaire à l'évaluation des distances et des vitesses. Les oiseaux de rivage, au contraire, n'ont pas besoin de ce type de vision. Ils se nourrissent au sol, patrouillant les berges et les plages, sondant la vase de leur bec, fouillant dans le varech à la recherche de petits crustacés, de mollusques ou d'insectes aquatiques. Leurs yeux sont situés de chaque côté de la tête, ce qui leur permet de voir aussi bien en avant qu'en arrière et ainsi de mieux repérer les prédateurs.

La forme de l'aile trahit aussi son usage et le mode de vie des espèces. Les oiseaux forestiers – comme la Gélinotte huppée, le Tétras du Canada ou les pics – ont des ailes courtes; ils volent plutôt lentement, mais peuvent manœuvrer efficacement dans le feuillage dense pour esquiver un prédateur. Les espèces qui fondent sur leurs proies en plein vol – faucons, hirondelles, martinets – ont des ailes longues et effilées; elles peuvent atteindre de grandes vitesses. Les espèces qui planent en scrutant le sol – buses, urubus, aigles – ont des ailes longues et larges; leur portance est meilleure.

Becs et pattes sont aussi adaptés à leur utilisation: le long bec du héron est un engin de pêche implacable; celui du colibri s'enfonce profondément pour sucer le nectar des fleurs à corolle tubulaire; les serres du rapace ne laissent que rarement échapper une proie; les doigts des pattes du grèbe sont en forme d'aviron: lorsque celui-ci ramène la patte en arrière, chaque doigt se replie pour diminuer la résistance dans l'eau.

(À gauche)
Bihoreau gris
Nycticorax nycticorax

(En bas)
Chouette rayée
Strix varia

(À gauche)
Grands Cormorans
Phalacrocorax carbo

(À droite)
Fous de Bassan
Morus bassanus

Des comportements eux aussi adaptés

Si la sélection naturelle a longuement sculpté les oiseaux et favorisé l'émergence des caractères physiques permettant de les adapter le mieux possible à leur environnement, elle a aussi favorisé les comportements innés visant à améliorer les chances de survivre et de se reproduire. Chez les oiseaux, parades nuptiales, défense du territoire, construction du nid et soins parentaux sont des comportements largement dictés par l'instinct. C'est le mâle le plus éclatant et au plus beau tour de chant qui séduira, instinctivement, la femelle. Et une fois les œufs éclos, c'est encore l'instinct qui commandera impérieusement aux parents de nourrir cette progéniture affamée.

La période de reproduction, qui survient au moment de l'année où les ressources alimentaires sont abondantes, occupe une part importante dans le cycle vital de l'oiseau. C'est durant cette période faste que les mâles, cherchant à défendre une parcelle de terrain pour y attirer une belle, se manifestent le plus, chantant bien en évidence sur un perchoir, poursuivant le premier mâle venu de la même espèce qui osera s'aventurer sur leur territoire. L'énergie consacrée par les couples reproducteurs durant cette période est sidérante. Le Viréo aux yeux rouges ira jusqu'à turluter son chant plus de 22 000 fois du lever au coucher du soleil. Et chaque jour, pour bon nombre d'espèces, c'est par centaines que se calcule le nombre d'allers-retours qu'effectuent les parents pour nourrir les petits encore au nid.

(En haut)
Bruant des plaines
Spizella pallida

Bruant sauterelle
Ammodramus savannarum

Bruant chanteur
Melospiza melodia

(À droite)
Paruline masquée ♂
Geothlypis trichas

(À gauche)
Paruline jaune ♀
Dendroica petechia

(À droite)
Parulines jaunes ♀ et ♂
Dendroica petechia

Merles d'Amérique
Turdus migratorius

(En bas)
Tourterelle triste
Zenaida macroura

(À droite)
Engoulevents d'Amérique
Chordeiles minor

Grande Aigrette
Ardea alba

Bernaches du Canada
Branta canadensis

Pluvier kildir
Charadrius vociferus

(En bas)
Bruant des prés
Passerculus sandwichensis

(À droite)
Étourneau sansonnet
Sturnus vulgaris

(À gauche)
Chardonneret jaune ♀
Carduelis tristis

(En haut)
Chardonneret jaune ♂
Carduelis tristis

Héron vert
Butorides virescens

Étonnament diversifiés

S'adaptant de mieux en mieux à leurs nouvelles terres,
se spécialisant chaque millénaire davantage pour prendre
possession des trésors qui s'y trouvaient,
les oiseaux se sont ainsi diversifiés en un feu d'artifice
de couleurs et de formes.

(Page précédente)
Pic mineur ♂
Picoides pubescens

(À gauche)
Mouette atricille
Larus atricilla

(À droite)
Macareux moines
Fratercula arctica

Il existe quelque 9 800 espèces d'oiseaux sur notre planète. Bien sûr, la diversité aviaire est beaucoup plus grande aux latitudes tropicales. L'énergie disponible pour la vie, dispensée par le rayonnement solaire, diminue au fur et à mesure que l'on s'éloigne de l'équateur.

Plus on s'approche des pôles, plus la température moyenne baisse et plus le nombre de jours disponibles pour la croissance des végétaux se réduit : la diversité des plantes (et la production de graines, de fleurs et de fruits), des micro-organismes, des champignons et des insectes diminue. Le même phénomène s'applique aux oiseaux : on a recensé, par exemple, 1 071 espèces d'oiseaux au Mexique et 460 au Québec.

Néanmoins, la diversité des oiseaux sur le territoire québécois est appréciable, en raison des nombreux écosystèmes qui les accueillent : rivages maritimes ; milieux humides d'eau douce ou d'eau salée ; tourbières ; milieux ouverts (champs, prés et pâturages, friches) ; forêts feuillues, mixtes et boréales ; taïga et toundra.

Le golfe du Saint-Laurent offre à une pléiade d'espèces marines, qu'elles soient côtières ou pélagiques, des ressources alimentaires immenses et des falaises rocheuses pour nicher. Fous de Bassan, cormorans, guillemots, eiders, puffins, goélands et sternes festoient dans ses eaux.

Le tronçon fluvial du Saint-Laurent (en amont de Trois-Rivières) et l'estuaire constituent un axe important de migration dans l'est du continent. Oies, canards de mer, canards plongeurs et barboteurs (Grand Harle, Garrot à œil d'or, Canard noir, fuligules, etc.) et oiseaux de rivage (dont un grand nombre de Bécasseaux semipalmés) y font halte chaque année. En hiver, certaines sections du tronçon fluvial et de l'estuaire demeurent libres de glace et abritent canards plongeurs et barboteurs.

Plus de cent espèces s'observent dans les tourbières du territoire québécois. Passereaux, sauvagine et oiseaux de rivage fréquentent celles-ci en migration ou y nichent. Parmi les espèces les plus communes : la Paruline à couronne rousse, la Paruline masquée, le Bruant des prés, le Bruant à gorge blanche, la Bécassine de Wilson, le Grand Chevalier.

Les milieux ouverts (champs, prés ou pâturages, friches), notamment dans la vallée du Saint-Laurent, accueillent une foule d'espèces : Crécerelle d'Amérique, Chardonneret jaune, Tyran tritri, Hirondelle rustique, Pluvier kildir, Goglu des prés, Carouge à épaulettes, Vacher à tête brune.

(À gauche)
Canards colverts ♂ et ♀
Anas platyrhynchos

(En bas)
Paruline à couronne rousse
Dendroica palmarum

(À gauche)
Nyctale de Tengmalm
Aegolius funereus

(À droite)
Petit-duc maculé
Megascops asio

Les riches forêts matures de feuillus que l'on retrouve encore dans l'extrême sud du Québec (Outaouais, Basses-Laurentides, Lanaudière, Montérégie, Estrie, Bois-Francs) accueillent la Buse à épaulettes, la Chouette rayée, la Grive des bois, le Viréo aux yeux rouges, le Tyran huppé, le Tangara écarlate et le Cardinal à poitrine rose, qui y trouvent gîte et couvert. La zone de la forêt mélangée, qui s'étend environ du 46ᵉ au 48ᵉ parallèle, abrite l'Épervier brun, le Pic maculé, la Paruline à tête cendrée, la Grive solitaire, la Paruline couronnée et la Paruline à gorge noire. Du 48ᵉ au 52ᵉ parallèle, la forêt boréale – qui couvre plus du tiers (37 %) du territoire québécois – se déroule d'ouest en est en un long ruban d'environ 400 kilomètres de large. Elle héberge des espèces telles que le Tétras du Canada, le Mésangeai du Canada, la Sittelle à poitrine rousse, la Mésange à tête brune, le Pic à dos rayé et le Bec-croisé bifascié.

Puis, au-delà du 52ᵉ degré de latitude, la forêt s'ouvre. Voici la taïga et, encore plus au nord, la toundra, et leur cortège d'oiseaux: Lagopède des saules, Buse pattue, Aigle royal, Pie-grièche grise, Pipit d'Amérique, Bruant à couronne blanche.

(À gauche)
Geai bleu
Cyanocitta cristata

(En bas)
Bec-croisé des sapins ♀
Loxia curvirostra

La diversité, source d'équilibre

Tous ces oiseaux, qui se partagent les ressources de ces habitats, entrent inévitablement en interaction à un moment ou l'autre de leur cycle vital pour la quête alimentaire ou la reproduction. Face à cette compétition pour des ressources qui ne sont pas illimitées, les oiseaux se sont spécialisés, chaque espèce trouvant sa propre manière de trouver sa nourriture ou de nicher. En bordure des forêts, chez les insectivores, les parulines capturent les insectes sur les feuilles et les branches; les pics et les sittelles glanent ceux qui ne volent pas, notamment les larves, le long des troncs; les hirondelles, les martinets et les engoulevents cueillent en vol, bec grand ouvert, des nuées d'insectes volants. À l'intérieur de la forêt, les espèces se partagent souvent les ressources selon la hauteur de la végétation, chacune exploitant une strate précise: le Viréo aux yeux rouges se nourrit au sommet des arbres, la Paruline bleue à mi-hauteur, la Paruline couronnée au sol.

De cette grande diversité, de cette exploitation partagée, optimale, des ressources offertes par le milieu naturel, naît un équilibre dynamique. Une richesse qui maintient la viabilité à long terme des écosystèmes. Mais encore faut-il que ces écosystèmes soient à la fois d'une taille suffisante et représentatifs de leurs différents stades de développement (jeunes forêts en régénération, forêts matures, vieilles forêts, etc.) pour que se manifeste un tel équilibre dynamique. Car on observe fréquemment, par exemple, des déséquilibres dans les communautés d'oiseaux forestiers qui nichent au sein d'habitats réduits et isolés.

(En bas)
Grand Chevalier
Tringa melanoleuca

(À droite)
Bécasseau violet
Calidris maritima

(À gauche)
Canard branchu ♂
Aix sponsa

(En haut)
Gallinule poule-d'eau
Gallinula chloropus

(En haut)
Tyran tritri
Tyrannus tyrannus

(À droite)
Butor d'Amérique ♂
Botaurus lentiginosus

(À gauche)
Gélinotte huppée
Bonasa umbellus

(En bas)
Tétras du Canada ♂
Falcipennis canadensis

(En haut)
Épervier de Cooper
Accipiter cooperii
(et Pigeon biset)

(À droite)
Chouette rayée
Strix varia

(À gauche)
Cardinal à poitrine rose ♀
Pheucticus ludovicianus

(En bas)
Cardinal à poitrine rose ♂
Pheucticus ludovicianus

Jaseurs boréaux
Bombycilla garralus

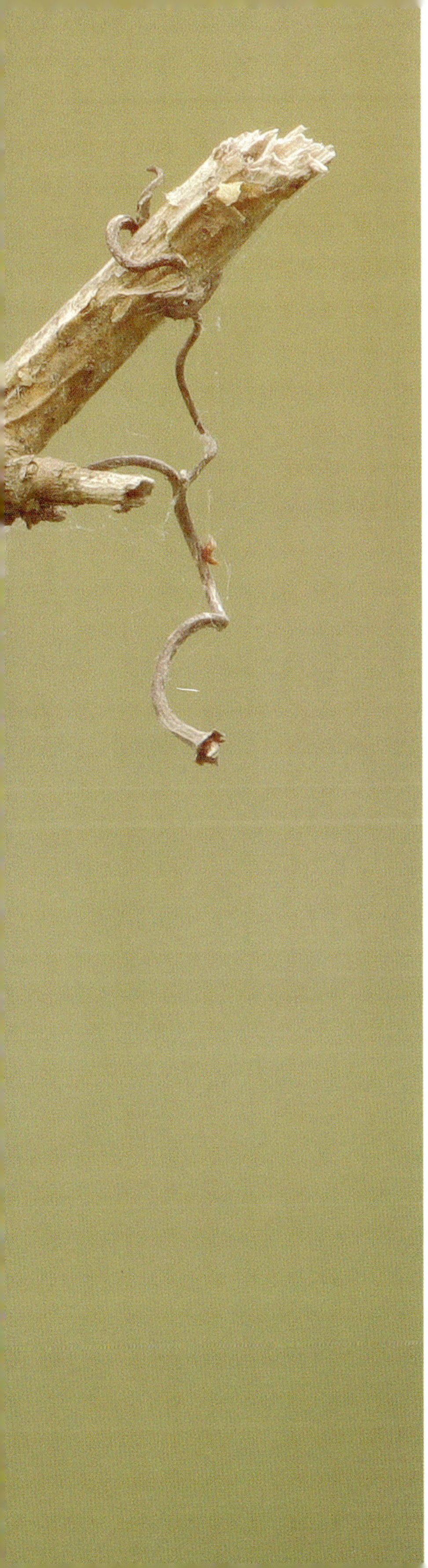

(À gauche)
Oriole de Baltimore ♂
Icterus galbula

(En bas)
Merle d'Amérique ♀
Turdus migratorius

(En bas)
Cardinal rouge ♀
Cardinalis cardinalis

(À droite)
Grive solitaire
Catharus guttatus

(À gauche)
Sizerin flammé ♂
Carduelis flammea

(En haut)
Bruant de Lincoln
Melospiza lincolnii

ÉTERNELS VOYAGEURS

Les conquérants ailés, repus de découvertes
et de longs périples, auraient pu se reposer.
Mais non, pour la majorité d'entre eux, l'appel du voyage
se fait toujours entendre, aussi irrésistible qu'avant,
chaque automne et chaque printemps.

(Page précédente)
Jaseur d'Amérique
Bombycilla cedrorum

(À gauche)
Junco ardoisé ♀
Junco hyemalis

(À droite)
Grues du Canada
Grus canadensis

Mouvement ancestral dicté par le cycle des saisons, la migration peut être une activité épuisante et immensément périlleuse, mais qui en vaut le coût.

Si, lors de la formation du système solaire, la collision avec un astéroïde n'avait pas fait s'incliner l'angle de rotation de la Terre sur elle-même de 23 degrés (par rapport à l'angle de rotation autour du Soleil), il n'y aurait pas eu de saisons. Et s'il n'y avait pas eu de saisons, il n'y aurait sans doute pas eu de migrations à grande échelle.

Il existe plusieurs types de migration : la migration d'altitude, par laquelle certaines espèces utilisent à différentes saisons différentes hauteurs, différents habitats d'une même région ; la migration de courte distance, comme celle du Junco ardoisé, qui passe l'hiver juste au sud de son aire de nidification habituelle, ou les mouvements irruptifs ou invasions, à l'exemple de ceux du Gros-bec errant qui se déplace de façon irrégulière dans son aire de distribution. Mais nulle migration n'est aussi risquée que la migration de longue distance.

(À gauche)
Aigrette bleue
Egretta cæruleum

(À droite)
Canards pilets
Anas acuta

Chaque migrateur de longue distance qui nous revient au printemps – après avoir passé une partie de son cycle vital sous les latitudes tropicales – est le survivant d'une véritable course contre la mort. Il lui aura fallu éviter les prédateurs (aériens ou terrestres) postés tout le long de la route, esquiver les lignes à haute tension, les tours de télécommunications et les gratte-ciel de verre des centres-villes, échapper aux collisions avec les avions et retrouver son chemin après un déportement à la suite d'une tempête.

L'oiseau doit d'abord se préparer adéquatement au long voyage à entreprendre : accumulation de gras et activation de diverses hormones ; augmentation du taux de globules rouges dans le sang pour assurer une meilleure circulation d'oxygène ; hypertrophie des muscles du vol ; synchronisation du comportement migratoire avec les congénères, etc. Cette préparation physiologique propre à la migration, de même que la connaissance des outils à utiliser (soleil, étoiles, repères géographiques, champs magnétiques, etc.) et des routes à suivre pour se rendre sur le territoire de nidification se sont transmises de génération en génération par le patrimoine génétique de l'espèce.

Chaque arrivée d'un migrateur de longue distance au printemps est le résultat d'une longue suite de dangers esquivés par l'individu même, et par tous ses aïeux avant lui.

Mais pourquoi migrer?

Deux théories ont été proposées pour expliquer la migration saisonnière des oiseaux. Selon la théorie des ancêtres nordiques, les espèces nichaient à l'origine dans le Nord, mais elle ont été déplacées progressivement en raison de l'avancée et du recul périodiques des glaciers. Ainsi, depuis le retrait des glaces, les espèces nordiques retourneraient à la conquête des terres perdues chaque printemps.

À l'inverse, suivant la deuxième théorie, les espèces nichant actuellement dans le Nord étaient auparavant des résidentes des pays tropicaux, mais la surpopulation à l'équateur (impliquant une compétition intense entre les espèces et au sein même de chaque espèce) les aurait poussées à se diriger plus au nord pour conquérir progressivement de nouveaux habitats. Pour éviter les conditions climatiques difficiles de l'hiver, ces espèces migraient deux fois l'an vers leurs terres d'origine, dans le Sud.

On soutint par la suite que, considérant la grande mobilité des oiseaux et le caractère changeant des conditions environnementales de leur habitat, la question de l'origine ancienne du phénomène des migrations présentait très peu d'intérêt.

(À gauche)
Paruline jaune ♂
Dendroica petechia

(À droite)
Moucherolle à ventre jaune
Empidonax flaviventris

Ce n'est qu'au milieu des années 1950 qu'on tenta d'expliquer le comportement migratoire sous l'angle d'une approche coûts/avantages pour l'espèce. En clair, si les avantages de se déplacer périodiquement pour se nourrir et se reproduire dépassent les avantages de rester sur place, la migration sera favorisée par la sélection naturelle. Les individus qui migrent ayant plus de chances de survivre que ceux qui ne migrent pas, ils auront donc plus de chances de « passer » leurs gènes à la génération suivante.

La stratégie migratoire est donc opportuniste : se déplacer de la façon la plus efficace possible pour utiliser les ressources d'un habitat. Car, comparativement à la productivité constante des écosystèmes tropicaux, le boom saisonnier de productivité des zones tempérée et boréale est colossal. L'intense production d'arthropodes (insectes, araignées, etc.) de nos forêts en quelques semaines seulement expliquerait dans une grande mesure l'affluence des oiseaux insectivores (parulines, viréos, moucherolles, hirondelles, etc.) sous nos latitudes de mai à août.

Chaque migrateur de longue distance qui nous revient au printemps est donc le fruit d'une longue chaîne d'événements, tous liés les uns aux autres, qui remonte à fort longtemps, depuis peut-être la formation même du système solaire.

Si tous les oiseaux ne s'envolent pas vers le sud à l'approche de l'hiver – une cinquantaine d'espèces restent au Québec l'année durant –, d'autres migrateurs, venus du nord cette fois, viennent nous visiter à la saison froide. Ils sont près d'une trentaine, comme le Harfang des neiges ou le Bruant des neiges, à venir se nourrir dans leur Sud à eux.

(À gauche)
Harfang des neiges
Bubo scandiacus

(En bas)
Bruant des neiges ♂
Plectrophenax nivalis

(À gauche)
Bruant familier
Spizella passerina

(En haut)
Paruline tigrée ♂
Dendroica tigrina

(En haut)

Paruline flamboyante ♂
Setophaga ruticilla

Paruline à collier ♀
Parula americana

Paruline bleue ♂
Dendroica caerulescens

Paruline à croupion jaune ♂
Dendroica coronata

(À droite)
Paruline du Canada ♂
Wilsonia canadensis

(En haut)
Hirondelle rustique
Hirundo rustica

(À droite)
Troglodyte des marais
Cistothorus palustris

(À gauche)
Canard souchet ♀
Anas clypeata

(En haut)
Grèbe jougris
Podiceps grisegena

(En bas)
Ibis falcinelle
Plegadis falcinellus

(À droite)
Tournepierre à collier
Arenaria interpres

(À gauche)
Bernache du Canada
Branta canadensis

(En haut)
Oie des neiges (forme sombre)
Chen caerulescens

Sterne pierregarin
Sterna hirundo

Et pourtant si fragiles

*Merveilleusement adaptés, diversifiés, combatifs et tenaces,
les oiseaux n'en sont pas moins paradoxalement fragiles.
Jamais ils n'auront été aussi menacés qu'aujourd'hui.
À l'échelle de la planète, un oiseau sur huit risque de disparaître
d'ici la fin du 21e siècle. Au Québec, 23 espèces sont,
à des degrés divers, en péril.*

(Page précédente)
Canard branchu
Aix sponsa

(À gauche)
Vacher à tête brune ♂
Molothrus ater

(À droite)
Merlebleu de l'Est ♂
Sialia sialis

La destruction ou la fragmentation des habitats, l'introduction d'espèces exotiques, la dégradation de milieux naturels par la pollution, la chasse ou la récolte intensive d'oiseaux sont les principales causes du déclin des populations. Les activités humaines ont laissé, et laissent toujours, leurs marques sur tous les continents. À l'échelle mondiale, 76 % des espèces d'oiseaux en péril sont forestières (903 sur 1 186). Et la majorité d'entre elles (56 %) subissent les effets directs de la perte d'habitat de nidification ou ceux, indirects mais plus insidieux, de la fragmentation des forêts.

Au Québec, c'est d'abord dans la plaine du Saint-Laurent, au fil de l'arrivée des Européens, qu'ont eu lieu les premières grandes pertes de forêts. Progressivement, c'est tout le paysage du sud du Québec qui s'est modifié en profondeur par le développement de l'agriculture et l'urbanisation. D'innombrables peuplements de feuillus nobles, de même que des pins blancs et des pruches d'une grande valeur économique, ont tour à tour été récoltés. Parallèlement, on a défriché des dizaines de milliers d'hectares de forêts pour faire place à des pâturages et à des terres agricoles. Plus tard s'étendront à perte de vue des champs de céréales en monoculture, comme le maïs.

Ces pertes massives d'habitats ont favorisé des oiseaux de milieu ouvert, comme le Carouge à épaulettes, au détriment d'autres, davantage associés à un couvert forestier dense et fermé. Aujourd'hui, c'est plus au nord, au sein de la forêt boréale, où les activités de l'industrie forestière se concentrent, que le sort des oiseaux forestiers devient de plus en plus préoccupant.

Tangara écarlate ♂
Piranga olivacea

D'autres espèces, qui fréquentent les milieux humides, voient aussi leur habitat rétrécir dangereusement. Et plus les effectifs sont faibles, ceux du Râle jaune par exemple, plus les risques sont grands.

D'autres encore, toutefois, comme le Pygargue à tête blanche, l'Aigle royal, le Faucon pèlerin ou le Fou de Bassan, qui ont été victimes par le passé de la chasse abusive ou de la contamination par les pesticides (DDT) se rétablissent lentement.

Une nouvelle menace

Par ailleurs, une nouvelle menace se profile à l'horizon, celle du réchauffement climatique. Si l'on peut difficilement prédire avec certitude l'ampleur des impacts à long terme sur l'ensemble des populations d'oiseaux du Québec, les études des effets d'une hausse de la température s'accumulent un peu partout sur la planète et présentent de plus en plus des tendances inquiétantes. Selon une étude britannique, les oiseaux européens ont tendance à nicher plus hâtivement : 31 % des 65 espèces suivies sur une période de 24 ans commençaient à nicher en moyenne neuf jours plus tôt. Le réchauffement climatique risque d'exacerber les phénomènes existants qui ont déjà un impact profond, comme la perte, la dégradation et la fragmentation des habitats. Selon une autre étude, menée par 19 chercheurs répartis dans plusieurs laboratoires dans le monde et portant sur 1 103 espèces de plantes et d'animaux, jusqu'à 386 de celles-ci (35 %) courent un risque réel d'extinction d'ici 2050 en raison du réchauffement.

Au sein des écosystèmes, différentes espèces pourraient s'adapter à des vitesses différentes à des changements aussi brusques. Par exemple, si les bourgeons des arbres s'ouvrent plus hâtivement au printemps en réponse à l'élévation de la température et que les insectes abondent plus tôt, les oiseaux qui en nourrissent leurs petits réussiront-ils à nicher plus rapidement ?

Pic à tête rouge
Melanerpes erythrocephalus

Les changements climatiques (en haussant le niveau des mers) pourraient également faire disparaître les haltes migratoires des canards, des oies et des oiseaux de rivage ou en réduire la productivité.

Mais c'est assurément dans l'Arctique que les changements pourraient être les plus prononcés, la température risquant d'y augmenter deux fois plus vite que partout ailleurs. La banquise arctique s'est réduite de quelque 8 % ces 30 dernières années. Là encore, l'arrivée des migrateurs au printemps pourrait ne plus coïncider avec le maximum saisonnier d'abondance de leurs ressources alimentaires. Le Bécasseau variable et le Guillemot à miroir figurent parmi les espèces les plus sensibles.

Des milliers d'années ont été nécessaires pour que les cycles des êtres vivants se synchronisent de manière à ce que chaque espèce puisse tirer un profit maximum des ressources de son milieu. L'empreinte des hommes sur la planète, si brutale et si récente dans le long voyage évolutif des oiseaux, risque de bouleverser en profondeur le monde que ceux-ci ont mis tant d'années à conquérir. Les oiseaux se sont adaptés, et ils tenteront sans doute, malgré la vitesse des changements actuels, de s'adapter de nouveau. Il y aura des perdants et des gagnants, des espèces plus opportunistes, d'autres plus généralistes, qui tireront profit de la situation – il y en a toujours – et d'autres qui perdront beaucoup.

Il nous faut toutefois, sans délai, diminuer nos assauts sur les écosystèmes, pour conserver ne serait-ce qu'une petite portion de ce paradis perdu. Car même si la force d'inertie du monde naturel est colossale, certains de ses habitants les plus magnifiques restent vulnérables, fragiles, à l'image de la plume, essence du vol.

(À gauche)
Bécasseau variable
Calidris alpina

(En bas)
Pluvier semipalmé
Charadrius semipalmatus

(En haut)
Chevalier grivelé
Actitis macularia

(À droite)
Chevalier solitaire
Tringa solitaria

(À gauche)
Pluvier siffleur
Charadrius melodus

(En haut)
Bécasseaux sanderling
Calidris alba

(À gauche)
Canard colvert ♀
Anas platyrhynchos

(À droite)
Grèbes à bec bigarré
Podilymbus podiceps

Données techniques sur les photographies

Les photographies présentées dans cet ouvrage ont été réalisées avec du matériel Canon. Pour chaque photo, on retrouve ici les données techniques suivantes : type d'appareil utilisé, objectif, ouverture, vitesse d'obturation, sensibilité du film ou du capteur, flash (s'il y a lieu).

Couverture avant

Jaseurs boréaux
Boîtier EOS 10D
500 F4
F : 5.6 ; 1/1500 sec.
Iso : 100

Couverture arrière

Héron vert
Boîtier EOS 1D
500 F4 + 2X
F : 8 ; 1/160 sec.
Iso : 200 ; flash : 550 EX

Page 5

Canard souchet ♂
Boîtier EOS 1D
300 F2.8 + 2X
F : 5.6 ; 1/1000 sec.
Iso : 200

Page 6

Grand Pic ♂
Boîtier EOS 1
300 F4 + 2X
F : 8 ; 1/500 sec.
Film : Supéria 200

Page 7

Sittelle à poitrine blanche ♂
Boîtier EOS 1D Mark II
500 F4
F : 7.1 ; 1/800 sec.
Iso : 250 ; flash : 580 EX

Page 8

Arlequin plongeur ♂
Boîtier EOS 1D Mark II
500 F4 + 1.4X
F : 6.3 ; 1/500 sec.
Iso : 125 ; flash : 580 EX

Page 11

Oies des neiges
Boîtier EOS 1D
500 F4 + 1.4X
F : 8 ; 1/1250 sec.
Iso : 200

Page 12

Bernaches cravant
Boîtier EOS 20D
500 F4 + 1.4X
F : 11 ; 1/320 sec.
Iso : 200 ; flash : 580 EX

Page 13

Bernache du Canada
Boîtier EOS 1D Mark II
500 F4 + 1.4X
F : 5.6 ; 1/2000 sec.
Iso : 160

Page 14

Fou de Bassan
Boîtier EOS 1D Mark II
500 F4
F : 6.3 ; 1/800 sec.
Iso : 500

Page 15

Fou de Bassan
Boîtier EOS 1D Mark II
500 F4 + 1.4X
F : 9 ; 1/1600 sec.
Iso : 500

Page 16

Érismature rousse ♂
Boîtier EOS 1D
500 F4 + 2x
F : 8 ; 1/500 sec.
Iso : 200

Page 17

Guillemot marmette
Boîtier EOS 1D Mark II
500 F4 + 1.4X
F : 6.3 ; 1/1600 sec.
Iso : 500

Page 18

Cormoran à aigrettes
Boîtier EOS 10D
500 F4 + 1.4X
F : 5.6 ; 1/500 sec
Iso : 100 ; flash : 550 EX

Page 19

Grand Héron
Boîtier EOS 1
500 F4 + 1.4X
F : 5.6 ; 1/750 sec.
Iso : 100

Page 20

Canard colvert ♀
Boîtier EOS 1D
100-400 F5.6
F : 5.6 ; 1/250 sec.
Iso : 400 ; flash : 430 EZ

Page 21

Harle couronné ♂
Boîtier EOS 10D
500 F4 + 2X
F : 11 ; 1/350 sec.
Iso : 500 ; flash : 430 EZ

Page 22

Guifette noire
Boîtier EOS 1D
500 F4 + 1.4X
F : 5.6 ; 1/500 sec.
Iso : 400 ; flash : 430 EZ

Page 23

Bihoreau gris
Boîtier EOS 1D Mark II
500 F4
F : 8 ; 1/640 sec.
Iso : 200 ; flash : 550 EX

Page 24

Grande Aigrette
Boîtier EOS 1D
100-400 F5.6
F : 6.3 ; 1/1250 sec.
Iso : 200

Page 25

Aigrette neigeuse
Boîtier EOS 10D
100-400 F5.6
F : 5.6 ; 1/1000 sec.
Iso : 100

Page 26

Chouette lapone
Boîtier EOS 1D Mark II
500 F4 + 1.4X
F : 5.6 ; 1/500 sec.
Iso : 125

Page 27

Chouette lapone
Boîtier EOS 1D Mark II
500 F4 + 1.4X
F : 8 ; 1/640 sec.
Iso : 125

Page 28

Balbuzards pêcheurs
Boîtier EOS 3
600 F4 + 2X
F : 8 ; 1/500 sec.
Film : Provia 100F

Page 29

Balbuzard pêcheur
Boîtier EOS 10D
500 F4 + 1.4X
F : 11 ; 1/750 sec.
Iso : 400

Page 30

Urubu à tête rouge
Boîtier EOS 1D Mark II
500 F4 + 1.4X
F : 5.6 ; 1/250 sec.
Iso : 320

Page 31

Urubu à tête rouge
Boîtier EOS Mark II
500 F4
F : 6.3 ; 1/320 sec.
Iso : 125

Page 32

Pygargue à tête blanche
Boîtier EOS 3
600 F4 + 2X
F : 8 ; 1/1000 sec.
Film : Provia 100

Page 33

Pygargue à tête blanche
Boîtier EOS 3
600 F4 + 2X
F : 8 ; 1/500 sec.
Film : Provia 100

Page 34

Pigeons bisets
Boîtier EOS 1v
500 F4 + 1.4X
F : 5.6 ; 1/1000 sec.
Film : Provia 100

Page 35

Pigeons bisets
Boîtier EOS 1D Mark II
500 F4
F : 7.1 ; 1/1250 sec
Iso : 160

Page 36

Colibri à gorge rubis ♂
Boîtier EOS 1D Mark II
500 F4 + 2X
F : 8 ; 1/500 sec.
Iso : 250 ; flash : 550 EX

Page 37

Colibri à gorge rubis ♀
Boîtier EOS 3
300 F2.8 + 2X
F : 7.1 ; 1/750 sec.
Film : Provia 100

Page 39

Canard colvert ♀ et canetons
Boîtier EOS 10 D
500 F4 + 2X
F : 8 ; 1/1000 sec.
Iso : 200

Page 40

Pic flamboyant ♂
Boîtier EOS 1D
500 F4 + 2X
F : 8 ; 1/250 sec.
Iso : 200 ; flash : 550 EX

Page 41

Grand Pic ♂
Boîtier EOS 1D Mark II
500 F4 + 1.4X
F : 5.6 ; 1/2000 sec.
Iso : 400 ; flash : 550 EX

Page 42

Bihoreau gris
Boîtier EOS 10D
100-400 F5.6
F: 5.6; 1/250 sec.
Iso: 100

Page 43

Chouette rayée
Boîtier EOS 1D Mark II
500 F4 + 1.4X
F: 5.6; 1/60 sec.
Iso: 320

Page 44

Grands Cormorans
Boîtier EOS 1D Mark II
100-400 F5.6
F: 8; 1/320 sec.
Iso: 320; flash: 580 EX

Page 45

Fous de Bassan
Boîtier EOS 1D Mark II
500 F4 + 2X
F: 8; 1/500 sec.
Iso: 100; flash: 550 EX

Page 46 (1)

Bruant des plaines
Boîtier EOS 1D Mark II
500 F4 + 2X
F: 8; 1/320 sec.
Iso: 160

Page 46 (2)

Bruant sauterelle
Boîtier EOS 1D Mark II
500 F4 + 2X
F: 8; 1/400 sec.
Iso: 160; flash: 550 EX

Page 46 (3)

Bruant chanteur
Boîtier EOS 10D
500 F4 + 1.4X
F: 5.6; 1/1500 sec.
Iso: 200; flash: 550 EX

Page 47

Paruline masquée ♂
Boîtier EOS 1v
500 F4 + 1.4X
F: 5.6; 1/750 sec.
Film: Provia 100F; flash: 550 EX

Page 48

Hirondelles bicolores
Boîtier EOS 1D Mark II
500 F4 + 2X
F: 8; 1/250 sec.
Iso: 125

Page 49 (1)

Hirondelles bicolores
Boîtier EOS 1D Mark II
500 F4 + 2X
F: 8; 1/250 sec.
Iso: 125

Page 49 (2)

Hirondelles bicolores
Boîtier EOS 1D Mark II
500 F4 + 2X
F: 8; 1/250 sec.
Iso: 125

Page 50

Paruline jaune ♀
Boîtier EOS 1D Mark II
500 F4 + 1.4X
F: 5.6; 1/250 sec.
Iso: 320; flash: 550 EX

Page 51

Parulines jaunes ♀ et ♂
Boîtier EOS 1D Mark II
500 F4 + 1.4X
F: 5.6; 1/500 sec.
Iso: 320; flash: 550 EX

Page 52

Merles d'Amérique
Boîtier EOS 1D Mark II
500 F4 + 1.4X
F: 5.6; 1/100 sec.
Iso: 400; flash: 550 EX

Page 53

Merles d'Amérique
Boîtier EOS 1D Mark II
500 F4
F: 4; 1/400 sec.
Iso: 400; flash: 550 EX

Page 54

Tourterelle triste
Boîtier EOS 1v
500 F4 + 1.4X
F: 5.6; 1/250 sec.
Film: Provia 100; flash: 550 EX

Page 55

Engoulevents d'Amérique
Boîtier EOS 1D Mark II
500 F4
F: 5; 1/800 sec.
Iso: 100; flash: 550 EX

Page 56

Grande Aigrette
Boîtier EOS 1D Mark II
500 F4
F: 6.3; 1/1600 sec.
Iso: 100

Page 57

Grande Aigrette
Boîtier EOS 1D Mark II
500 F4
F: 6.3 ; 1/500 sec.
Iso: 100

Page 58 (1)

Grands Hérons
Boîtier EOS 1D Mark II
500 F4 + 1.4X
F: 8; 1/800 sec.
Iso: 250; flash: 550 EX

Page 58 (2)

Grands Hérons
Boîtier EOS 1D Mark II
500 F4 + 1.4X
F: 8; 1/800 sec.
Iso: 250; flash: 550 EX

Page 59

Grands Hérons
Boîtier EOS 1D Mark II
500 F4 + 1.4X
F: 8; 1/800 sec.
Iso: 250; flash: 550 EX

Page 60

Bernaches du Canada
Boîtier EOS 1D Mark II
500 F4 + 2X
F: 8; 1/200 sec.
Iso: 125; flash: 550 EX

Page 61

Bernaches du Canada
Boîtier EOS 1D Mark II
100-400 F5.6
F: 5.6; 1/640 sec.
Iso: 125

Page 62

Pluvier kildir
Boîtier EOS 1v
500 F4 + 1.4X
F: 8; 1/500 sec.
Film: Provia 100; flash: 430 EZ

Page 63

Pluvier kildir
Boîtier EOS 1v
500 F4 + 1.4X
F: 8; 1/500 sec.
Film: Provia 100; flash: 430 EZ

Page 64

Bruant des prés
Boîtier EOS 1v
500 F4 + 1.4X
F: 5.6; 1/500 sec.
Film: Provia 100; flash: 430 EZ

Page 65

Étourneau sansonnet
Boîtier EOS 10D
500 F4 + 1.4X
F: 5.6; 1/350 sec.
Iso: 400

Page 66

Chardonneret jaune ♀
Boîtier EOS 1v
500 F4 + 1.4X
F: 5.6; 1/500 sec.
Film: Provia 100F; flash: 550 EX

Page 67

Chardonneret jaune ♂
Boîtier EOS 1v
500 F4 + 1.4X
F: 5.6; 1/500 sec.
Film: Provia 100F; flash: 550 EX

Page 68

Héron vert
Boîtier EOS 3
300 F2.8 + 2X
F: 5.6; 1/500 sec.
Film: Provia 100; flash: 430 EZ

Page 69 (1)

Héron vert
Boîtier EOS 3
300 F2.8 + 2X
F: 5.6; 1/500 sec.
Film: Provia 100; flash: 430 EZ

Page 69 (2)

Héron vert
Boîtier EOS 3
300 F2.8 + 2X
F: 5.6; 1/500 sec.
Film: Provia 100; flash: 430 EZ

Page 69 (3)

Héron vert
Boîtier EOS 3
300 F2.8 + 2X
F: 5.6; 1/500 sec.
Film: Provia 100; flash: 430 EZ

Page 69 (4s)

Héron vert
Boîtier EOS 3
300 F2.8 + 2X
F: 5.6; 1/500 sec.
Film: Provia 100; flash: 430 EZ

Page 71

Pic mineur ♂
Boîtier EOS 1D Mark II
500 F4 + 2X
F: 8; 1/640 sec.
Iso: 320; flash: 550EX

Page 72

Mouette atricille
Boîtier EOS 10D
500 F4
F: 6.7; 1/500 sec.
Iso: 200

Page 73

Macareux moines
Boîtier EOS D60
70-200 F2.8
F: 4; 1/350 sec.
Iso: 100; flash: 430 EZ

Page 74

Canards colverts ♂ et ♀
Boîtier EOS 1D Mark II
500 F4 + 1.4X
F: 5.6; 1/320 sec.
Iso: 400; flash: 550 EZ

Page 75

Paruline à couronne rousse
Boîtier EOS 1D Mark II
500 F4 + 2X
F: 8; 1/160 sec.
Iso: 250; flash: 550 EX

Page 76

Nyctale de Tengmalm
Boîtier EOS 1D Mark II
500 F4 + 1.4X
F: 6.3; 1/320 sec.
Iso: 200; flash: 550 EX

Page 77

Petit-duc maculé
Boîtier EOS 1D
500 F4 + 2X
F: 8; 1/125 sec.
Iso: 640; flash: 430 EZ

Page 78

Geai bleu
Boîtier EOS 10D Mark II
500 F4 + 1.4X
F: 5.6; 1/750 sec.
Iso: 400; flash: 550 EX

Page 79

Bec-croisé des sapins ♀
Boîtier EOS 3
300 F2.8 + 2X
F: 5.6; 1/500 sec.
Film: Provia 100; flash: 430 EZ

Page 80

Grand Chevalier
Boîtier EOS 3
300 F2.8 + 2X
F: 5.6; 1/500 sec.
Film: Provia 100; flash: 430 EZ

Page 81

Bécasseau violet
Boîtier EOS 1D Mark II
500 F4 + 1.4X
F: 6.3; 1/500 sec.
Iso: 160; flash: 550 EZ

Page 82

Canard branchu ♂
Boîtier EOS 1D
500 F4
F: 11; 1/250 sec.
Iso: 200; flash: 550 EZ

Page 83

Gallinule poule-d'eau
Boîtier EOS 10D
500 F4 + 1.4X
F: 5.6; 1/250 sec.
Iso: 100

Page 84

Tyran tritri
Boîtier EOS 1D Mark II
500 F4 + 2X
F: 8; 1/500 sec.
Iso: 400; flash: 550 EZ

Page 85

Butor d'Amérique ♂
Boîtier EOS 1D Mark II
500 F4 + 1.4X
F: 6.3; 1/320 sec.
Iso: 250; flash: 550 EX

Page 86

Gélinotte huppée
Boîtier EOS 1D Mark II
100-400 F5.6
F: 5; 1/400 sec.
Iso: 320; flash: 550 EX

Page 87

Tétras du Canada ♂
Boîtier EOS 1D
100-400 F5.6
F: 6.3; 1/250 sec.
Iso: 400; flash: 430 EZ

Page 88

Épervier de Cooper
Boîtier EOS 1D Mark II
500 F4 + 2X
F: 8; 1/500 sec.
Iso: 100

Page 89

Chouette rayée
Boîtier EOS 3
300 F2.8 + 1.4X
F: 5.6; 1/500 sec.
Film: Provia 100; flash: 430 EZ

Page 90

Cardinal à poitrine rose ♀
Boîtier EOS 1D Mark II
500 F4 + 1.4X
F: 5.6; 1/400 sec.
Iso: 250; flash: 550 EX

Page 91

Cardinal à poitrine rose ♂
Boîtier EOS 10D
100-400 F5.6
F: 8; 1/350 sec.
Iso: 400; flash: 550 EX

Page 92 (1)

Jaseurs boréaux
Boîtier EOS 10D
500 F4
F: 5.6; 1/1500 sec.
Iso: 100

Page 92 (2)

Jaseurs boréaux
Boîtier EOS 10D
500 F4
F: 5.6; 1/1500 sec.
Iso: 100

Page 93

Jaseurs boréaux
Boîtier EOS 10D
500 F4
F: 5.6; 1/1500 sec.
Iso: 100

Page 94

Oriole de Baltimore ♂
Boîtier EOS 20D
500 F4 + 1.4X
F: 5.6; 1/800 sec.
Iso: 400; flash: 580 EX

Page 95

Merle d'Amérique ♀
Boîtier EOS 1D Mark II
500 F4 + 1.4X
F: 5.6; 1/1000 sec.
Iso: 400; flash: 580 EX

Page 96

Cardinal rouge ♀
Boîtier EOS 10D
500 F4 + 1.4X
F: 6.7; 1/250 sec.
Iso: 100; flash: 550 EX

Page 97

Grive solitaire
Boîtier EOS 10D
500 F4
F: 5.6; 1/250 sec.
Iso: 200; flash: 550 EX

Page 98

Sizerin flammé ♂
Boîtier EOS 1D Mark II
500 F4 + 1.4X
F: 6.3; 1/200 sec.
Iso: 320; flash: 550 EX

Page 99

Bruant de Lincoln
Boîtier EOS 1D Mark II
500 F4 + 2X
F: 8; 1/60 sec.
Iso: 320; flash: 550 EX

Page 101

Jaseur d'Amérique
Boîtier EOS 1v
500 F4 + 1.4X
F: 5.6; 1/500 sec.
Film: Provia 100; flash: 430 EZ

Page 102

Junco ardoisé ♀
Boîtier EOS 1D Mark II
500 F4 + 1.4X
F: 5.6; 1/500 sec.
Iso: 100; Flash: 430 EZ

Page 103

Grues du Canada
Boîtier EOS 10D
500 F4
F: 8; 1/350 sec.
Iso: 100

Page 104

Aigrette bleue
Boîtier EOS 10D
500 F4
F: 5.6; 1/750 sec.
Iso: 200

Page 105

Canards pilets
Boîtier EOS 1D
500 F4 + 1.4X
F: 8; 1/750 sec.
Iso: 200

Page 106

Paruline jaune ♀
Boîtier EOS 10D
500 F4 + 1.4X
F: 8; 1/250 sec.
Iso: 200

Page 107

Moucherolle à ventre jaune
Boîtier EOS 1D Mark II
500 F4 + 2X
F: 8; 1/60 sec.
Iso: 320; flash: 550 EX

Page 108

Harfang des neiges
Boîtier EOS 10D
500 F4 + 1.4X
F: 9.5; 1/1000 sec.
Iso: 100

Page 109

Bruant des neiges ♂
Boîtier EOS 3
300 F2.8 + 2X
F: 5.6; 1/500 sec.
Film: Provia 100

Page 110

Bruant familier
Boîtier EOS 1D Mark II
500 F4 + 1.4X
F: 5.6; 1/640 sec.
Iso: 640; flash: 580 EX

Page 111

Paruline tigrée ♂
Boîtier EOS 1D Mark II
500 F4 + 2X
F: 8; 1/200 sec.
Iso: 250; flash: 550 EX

Page 112 (1)

Paruline flamboyante ♂
Boîtier EOS 1D Mark II
500 F4 + 2X
F: 8; 1/640 sec.
Iso: 400; flash: 550 EX

Page 112 (2)

Paruline à collier ♀
Boîtier EOS 1D Mark II
500 F4 + 2X
F: 8; 1/400 sec.
Iso: 160

Page 112 (3)

Paruline bleue ♂
Boîtier EOS 1D Mark II
500 F4 + 2X
F: 8; 1/200 sec.
Iso: 500; flash: 550 EX

Page 112 (4)

Paruline à croupion jaune ♂
Boîtier EOS 1D Mark II
500 F4 + 2X
F: 8; 1/200 sec.
Iso: 100; flash: 550 EX

Page 113

Paruline du Canada ♂
Boîtier EOS 1D Mark II
500 F4 + 2X
F: 8; 1/125 sec.
Iso: 250; flash: 550 EX

Page 114

Hirondelle rustique
Boîtier EOS 20D
500 F4 + 1.4X
F: 5.6; 1/640 sec.
Iso: 100; flash: 550 EX

Page 115

Troglodyte des marais
Boîtier EOS 1D Mark II
500 F4 + 1.4X
F: 5.6; 1/320 sec.
Iso: 160; flash: 580 EX

Page 116

Canard souchet ♀
Boîtier EOS D30
600 F4 + 1.4X
F: 5.6; 1/250 sec.
Iso: 200

Page 117

Grèbe jougris
Boîtier EOS 1D Mark II
500 F4 + 1.4X
F: 5.6; 1/400 sec.
Iso: 250; flash: 580 EX

Page 118

Ibis falcinelle
Boîtier EOS 10D
500 F4 + 1.4X
F: 8; 1/1000 sec.
Iso: 200; flash: 550 EX

Page 119

Tournepierre à collier
Boîtier EOS 10D
500 F4 + 1.4X
F: 6.7; 1/350 sec.
Iso: 100; flash: 430 EZ

Page 120

Bernache du Canada
Boîtier EOS 1D Mark II
500 F4 + 1.4X
F: 5.6; 1/640 sec.
Iso: 320; flash: 550 EX

Page 121

Oie des neiges (forme sombre)
Boîtier EOS 1D Mark II
500 F4 + 1.4X
F: 5.6; 1/400 sec.
Iso: 100

Page 122

Sterne pierregarin
Boîtier EOS 1D Mark II
500 F4 + 1.4X
F: 8; 1/1250 sec.
Iso: 200

Page 123

Sterne pierregarin
Boîtier EOS 1v
500 F4 + 1.4X
F: 5.6; 1/500 sec.
Film: Provia 100F

Page 125

Canard branchu
Boîtier EOS 1D Mark II
500 F4 + 1.4X
F: 5.6; 1/500 sec.
Iso: 100; flash: 580 EX

Page 126

Vacher à tête brune ♂
Boîtier EOS 1D Mark II
500 F4 + 1.4X
F: 5.6; 1/160 sec.
Iso: 100; flash: 580 EX

Page 127

Merlebleu de l'Est ♂
Boîtier EOS 1D Mark II
500 F4 + 2X
F: 8; 1/320 sec.
Iso: 100; flash: 550 EX

Page 129

Tangara écarlate ♂
Boîtier EOS 1D Mark II
500 F4 + 1.4X
F: 8; 1/200 sec.
Iso: 100

Page 130

Pic à tête rouge
Boîtier EOS 3
500 F4 + 2X
F: 8; 1/250 sec.
Film: provia 100F

Page 131

Pic à tête rouge
Boîtier EOS 3
500 F4 + 2X
F: 8; 1/250 sec.
Film: Provia 100F

Page 132

Bécasseau variable
Boîtier EOS 10D
500 F4 + 1.4X
F: 8; 1/750 sec.
Iso: 100

Page 133

Pluvier semipalmé
Boîtier EOS 3
500 F4 + 1.4X
F: 5.6; 1/500 sec.
Film: Provia 100F

Page 134

Chevalier grivelé
Boîtier EOS 1D Mark II
500 F4 + 1.4X
F: 5.6; 1/320 sec.
Iso: 100

Page 135

Chevalier solitaire
Boîtier EOS 1v
500 F4 + 2X
F: 5.6; 1/250 sec.
Film: Provia 100F

Page 136

Pluvier siffleur
Boîtier EOS 1D
500 F4 + 2X
F: 8; 1/750 sec.
Iso: 200

Page 137

Bécasseaux sanderling
Boîtier EOS 1D
500 F4 + 1.4X
F: 8; 1/1000 sec.
Iso: 100; flash: 550 EX

Page 138

Canard colvert ♀
Boîtier EOS 1D Mark II
500 F4 + 1.4X
F: 5.6; 1/320 sec.
Iso: 400; flash: 550 EZ

Page 139

Grèbes à bec bigarré
Boîtier EOS D60
300 F2.8 + 2X
F: 5.6; 1/350 sec.
Iso: 200

Page 144

Pics flamboyants
Boîtier EOS 10D
500 F4 + 1.4X
F: 5.6; 1/125 sec.
Iso: 400; flash: 580 EZ